LES NOCES D'OR

DE

M. l'abbé J.-B. MEYNARD

CHANOINE HONORAIRE

Curé-Doyen de Saint-Michel de Bordeaux

SOUVENIR DU 20 DÉCEMBRE 1874

Par M. l'abbé CORBIN

Chapelain de la Primatiale, ancien curé de Roaillan.

BORDEAUX

IMPRIMERIE CENTRALE A. DE LANEFRANQUE

23-25, rue Permentade, 23-25

—

1875

LES NOCES D'OR

DE

M. LE CURÉ DE SAINT-MICHEL DE BORDEAUX

SOUVENIR DU 20 DÉCEMBRE 1874

« *Habebitis hunc diem in monumentum* (1). »
(EXODE, XII, 14.)

I

Le quatrième dimanche de l'Avent 1874, la vieille basilique Saint-Michel apparaissait « renouvelée comme la jeunesse de l'aigle (2), » et déployait toutes ses pompes, malgré les sévérités liturgiques du temps préparatoire à Noël. Pourquoi donc ce contraste, sinon en vue de la célébration d'une fête qui, dès l'aurore, semblait faire tressaillir de joie les pierres elles-mêmes du majestueux édifice ? Et déjà, les initiés au langage biblique pouvaient se redire ces paroles de saint Jean, le chantre des noces mystiques de l'Agneau de Dieu : « J'ai vu la Jérusalem nouvelle descendant du ciel comme une fiancée parée pour son époux (3).... »

---

(1) Traduction libre : « Vous conserverez dans vos annales un monument de ce grand jour. »
(2) Ps. 102.
(3) Apoc. XXI. Il n'est pas hors de propos de remarquer ici que la Jérusalem terrestre, figure de l'Église militante, était la ville sacerdotale du peuple de Dieu.

C'est qu'il s'agissait, en effet, d'une solennité nuptiale, mais dans le domaine surnaturel. On allait célébrer la cinquantième année de sacerdoce du vénérable pasteur de la paroisse; et ce vétéran, ou plutôt ce patriarche du Sanctuaire, devait encore, ce jour-là, monter à l'autel où, un demi-siècle auparavant, il avait eu le bonheur de chanter sa première messe, dans la même église, devant quelques-uns des mêmes témoins survivants. Et lui aussi voyait se renouveler sa jeunesse comme celle de l'aigle, au pied de ces tabernacles où Dieu l'avait réjouie (1) en 1824. Chez lui, enfin, la jeunesse du cœur rayonnait immortelle, et, sous sa couronne de cheveux blancs, il pouvait toujours s'écrier : « *Introïbo ad altare Dei, ad Deum qui lætificat juventutem meam* (2). »

Eh bien! ce demi-siècle de sacerdoce a un nom dans le langage populaire des enfants de l'Église; et quoique ce vocable lui soit commun avec la même durée des alliances terrestres, il n'est pas moins heureux, ni moins touchant. On va s'en convaincre par voie de comparaison :

II

Lorsque des époux vertueux ont vécu ensemble cinquante ans, fidèles l'un à l'autre, et dans les joies d'une parfaite union comme dans les bénédictions d'une postérité nombreuse, ils vont célébrer à l'église leurs *noces d'or*. Eh! qu'elles sont merveilleusement nommées! Au bout d'un quart de siècle, ce n'eût été que leurs *noces d'argent;* mais on comprend que la double durée de ce fortuné cycle reçoive une appellation plus excellente. L'argent s'y transforme en or. L'amitié des conjoints s'est épurée sept fois, dit l'Écriture, comme le plus précieux des métaux dans la fournaise (3). Ils brillent alors également d'un plus vif éclat. De

---

(1-2) Ps. 42.
(3) Prov. XVII, 3.

là, cette *auréole* qui semble rayonner au front du vieux couple chrétien. C'est mieux que Philémon et Baucis. L'idéal catholique a transfiguré les époux de l'ordre naturel en symboles vivants de l'union du Christ avec l'Église (1).

Il est donc beau de les voir fêter, par une cérémonie religieuse et d'intimes réjouissances en famille, leur cinquantaine de mariage au milieu d'un aimable cortége d'enfants et d'amis. Quelle scène patriarcale ! C'est leur jubilé, puisque les cœurs y respirent la jubilation et l'allégresse (2). Il est beau surtout de voir ces deux époux s'avancer, la main dans la main, comme s'ils portaient de concert le rameau d'or d'une longue existence heureuse, vers l'autel témoin de leurs premiers serments. Aussi le *renouveau* de leurs noces, l'a-t-on nommé d'un terme qui l'enchâsse mieux qu'une perle dans un écrin. L'or est, en effet, la poésie de la nature ; et tous les grands spectacles de la création, traduits par la palette des paysagistes, sont ceux que dorent les chauds rayons du soleil. Enfin, l'art et les Muses touchent de leur sceptre d'or tous les objets qui charment nos regards. Il n'est pas jusqu'à l'ordre moral où l'on ne dise « un cœur d'or », pour une vivante image de la bonté divine.

Mais il y a aussi un mariage du prêtre avec l'Église. C'est pourquoi, lorsqu'on sacre un évêque, on bénit l'anneau pastoral avec les mêmes rites qui s'observent pour l'anneau nuptial, *ou l'alliance,* dans les hyménées chrétiens. Et comme l'épiscopat n'est que le sacerdoce complété et agrandi, cette idée de mariage mystique affecte indistinctement tous les ministres des autels. Est-ce que le peuple ne dit point d'un nouveau prêtre : « Il a épousé l'Église ? » De là, par conséquent, les *noces d'or* du prêtre ou de l'évêque, au bout d'un demi-siècle de cette union bénie de Dieu et des hommes. Il est même très-rare qu'un pontife célèbre sa cinquantaine d'épiscopat. C'est donc comme prêtre, immolant chaque jour la victime sainte depuis sa promotion au

---

(1) S. Paul aux Éph. V.
(2) Jubilemus Deo ; Ps. 94.

sacerdoce, qu'il peut avoir d'ordinaire le bonheur et l'honneur de fêter le jubilé d'un long hyménée avec l'Église de Dieu.

Ainsi, à quelque degré de la hiérarchie qu'appartienne le prêtre, il est en droit de célébrer ses noces d'or, dès lors qu'il n'a jamais rompu le pacte de son alliance, ni flétri sa couronne sacerdotale de lis et de blanches roses.

Mais, si cela est vrai de tout bon prêtre, en général, combien plus touchante est la cérémonie, quand il s'agit d'un pasteur des âmes, que la vieillesse retrouve encore à l'autel de sa première messe! Est-ce que sa fidélité, d'une part, et, de l'autre, les bénédictions du Ciel, n'en paraissent pas plus éclatantes? Quoi donc! à travers un demi-siècle de distance et malgré l'instabilité des choses humaines, ce vétéran du sanctuaire n'a cessé de porter en ses mains tremblantes le calice du salut, et, tel que la première fois, il le consacre aujourd'hui d'une voix altérée par l'émotion! C'est aussi là qu'il a cimenté, dans le sang de l'Agneau eucharistique, le pacte d'une alliance éternelle : *Tu es sacerdos in æternum!* Oh! quelle poésie nous offrent ces rapprochements; et comme cette longue chaîne de jours et d'années ne se compose que d'anneaux d'or!

III

Eh bien! c'est une cérémonie, dans ces conditions si rares, qui réunissait une foule sympathique sous les voûtes de Saint-Michel, le 20 décembre dernier. L'éminent pasteur de cette paroisse, M. Meynard, chanoine honoraire de Bordeaux, y célébrait sa vaillante cinquantaine d'un sacerdoce fécond en bonnes œuvres; et des milliers de cœurs, prêtres et laïques, en prenaient occasion de lui témoigner, les uns leur reconnaissance, les autres leur piété filiale, tous leur vénération (1).

(1) Qu'on nous permette de placer ici un épisode qui ne pouvait figurer dans le cours d'un récit tout consacré à la journée du 20 décembre. — Comme les grandes fêtes de l'Église et toutes les fêtes en famille ont une veille, les Dames de Cha-

Le droit d'ornementer l'église pour la circonstance, « *sicut sponsam viro suo,* » revenant à MM. les Vicaires, comme aux paranymphes de l'époux (1), ils s'étaient heureusement acquittés de ce devoir. Ils avaient donc multiplié, à l'intérieur et au-dehors de la noble basilique, les oriflammes, les écussons ou les *cartouches,* et même, nonobstant l'hiver, de fraîches guirlandes végétales qui la rajeunissaient.

Par leurs soins, une première légende se déroulait au-dessus de la principale entrée. On y lisait :

« *Jubilæus est, et quinquagesimus annus* (2). » C'était, à la fois, l'indication de la fête et une sorte d'*invitatoire* (style liturgique) à y participer. Mais que ces paroles remontent haut et loin ! Elles furent d'abord dites à Moïse par le Seigneur, qui prescrivait à son peuple de sanctifier chaque demi-siècle (3), et puis, elles sont devenues l'origine de tous les jubilés chrétiens. En effet, l'Église a retenu des rites de l'ancienne loi ceux qui trouvent leur application dans la nouvelle alliance. Or, c'était ici le cas. Il y avait donc lieu de les considérer, au sommet du porche de Saint-Michel, comme un appel du Seigneur aux habitants de cette paroisse, pour fêter la cinquantaine jubilaire de leur digne pasteur. Tous devaient se réjouir avec lui du cinquantième anniversaire de sa promotion au sacerdoce.

Ensuite, des inscriptions tracées à tous les endroits où le zèle pastoral se déploie, esquissaient, à grandes lignes, les mérites du bon Curé. On y lisait encore le sommaire anticipé des discours

---

rité de Saint-Michel s'étaient rendues, le 23, au presbytère de cette paroisse, pour y offrir leurs hommages à M. le Curé. Elles voulaient ainsi, avec une délicatesse charmante, devancer les manifestations du lendemain, et laisser ensuite le champ libre à MM. les Ecclésiastiques et à MM. les Fabriciens. Une d'entr'elles, Mme L., qui est toujours une femme lettrée, et, à ses heures, une Muse chrétienne, a lu, séance tenante, un hommage en vers à M. le Curé, c'est-à-dire une poésie fort élégamment tournée. Si Mme L. n'était la proche voisine du presbytère, en même temps qu'elle est toujours la Providence de mon ancienne paroisse de Rosillan, je la nommerais peut-être. Mais qu'apprendrais-je aux pieux fidèles de Saint-Michel qu'ils ne sachent ou ne devinent déjà ?...

(1) S. Bernard, *Traité de la Considération.*
(2) C'est un jubilé de cinquantième année. — *Lévitique,* XXV, 11.
(3) Sanctificabis annum quinquagesimum. — *Ibidem.*

que prononceraient des orateurs sympathiques. Les voici, traduites *librement* du latin, avec indication de leurs places respectives :

Sous la tribune aux orgues : « *Là résonnent les instruments de musique, au milieu de ses parvis* (1). »

Aux fonts sacrés : « *Que d'enfants baptisés par lui* (2) ! »

Au confessionnal : « *Que d'âmes il a réconciliées avec Dieu* (3) ! »

Sur les panneaux de la chaire : « *Bon pasteur, il instruit son troupeau* (4). »

Aux divers autels : « *C'est là qu'il monte pour immoler la victime sainte* (5);

» *Ses mains y distribuent le pain du ciel* (6);

» *Il est prêtre dans l'éternité* (7);

» *Sa bénédiction cimente le bonheur des mariages* (8). »

Ailleurs : « *Les regards de sa tendre sollicitude embrassent tous les pauvres* (9);

» *Le zèle de votre maison me dévore* (10). »

Pouvait-on mieux dire, en quelques mots et avec plus d'autorité, ce qu'est depuis un demi-siècle M. l'abbé Meynard, en particulier à Saint-Michel ?

---

(1) In medio ejus suspendimus organa; Ps. 136.
(2) Baptizabantur ab illo; Marc, 1.
(3) Veniam dabas peccatis illorum; Sagesse, XII.
(4) Docet quasi pastor gregem suum; Eccl. XVIII.
(5) Ascendens ut immolaret hostiam; 1er L. des Rois, 11.
(6) Panem cæli dedit eis; Ps. 77.
(7) Sacerdos in æternum; Ps. 109.
(8) Deus conjungat vos impleatque benedictionem suam in vobis; Tob. vii.
(9) Oculi ejus in pauperem respiciunt; Ps. X.
(10) Zelus domus tuæ comedit me; Ps. 68.

IV

C'est à 9 heures et demie du matin qu'a eu lieu la première cérémonie de la journée. On s'était proposé d'aller chercher en procession M. Meynard à son presbytère ; mais sa modestie s'y refusant, on a dû circonscrire la marche triomphale du cortége à l'intérieur de la basilique, dans les basses-nefs. Cette ovation a fait naître un grand enthousiasme parmi la foule empressée. Les chants sacrés et la voix puissante des orgues l'ont dignement exprimé.

Cependant le clergé prend place dans le chœur, où l'on remarque M. Martial, vicaire-général délégué par Son Éminence pour la représenter ; M. Larrieu, supérieur du Grand-Séminaire ; MM. les Curés de la Ville, qui sont venus spontanément se grouper autour du héros de la fête, ainsi que la plupart des anciens vicaires de la paroisse, jaloux de se partager l'honneur de faire les cérémonies. Deux d'entr'eux, MM. Arnaudin, supérieur d'un collége ecclésiastique, et Broussard, curé de Parempuyre, devaient assister à l'autel le vénérable célébrant. Enfin, un des vicaires du regretté M. Duburg, qui a l'honneur de siéger dans les conseils de Son Éminence, et, par conséquent, le plus élevé comme position hiérarchique parmi les anciens prêtres survivants de Saint-Michel, présidait la cérémonie. J'ai nommé M. l'abbé Buchou, vicaire-général honoraire.

Aux premiers rangs de l'assistance laïque, les parents de M. Meynard, MM. les Fabriciens et les représentants de toutes les œuvres fondées ou soutenues par M. le Curé, occupaient des places réservées.

Avant la grand'messe, on a d'abord annoncé que le Souverain-Pontife avait eu la gracieuseté d'envoyer, sous forme de dépêche télégraphique, une bénédiction spéciale au digne pasteur de Saint-Michel ; puis, on a donné lecture d'une lettre de Son Éminence, témoignant de sa profonde estime envers M. Meynard, en même temps qu'Elle ouvrait le trésor des indulgences aux fidèles qui participeraient à la fête. Voilà deux nobles attentions.

Ces préliminaires achevés, M. Buchou est monté dans une chaire portative, disposée à l'entrée du chœur ; et de là, il a prononcé une allocution de circonstance. On nous saura gré de la reproduire ici, car c'est un nouveau parchemin de gloire pour les archives de Saint-Michel : *Gloria enim hominis ex honore patris sui,* dit l'Écriture-Sainte ; mais aussi elle ajoute que Dieu a honoré le père dans ses enfants : *Deus honoravit patrem in filiis.* Cette réciproque influence va ressortir du discours de M. Buchou, à qui nous laissons la parole :

« Aujourd'hui, M. T. C. F., grande est la joie de votre paroisse bien-aimée ; grande aussi est l'émotion des cœurs, et j'ajouterai que l'enthousiasme déborde ici de toute part.

» Votre joie d'abord, bons paroissiens de Saint-Michel, on la comprend sans peine, quand vous voyez, sur la tête de votre pasteur vénéré, sa couronne de cinquante ans de sacerdoce. Fut-il carrière plus bénie de Dieu, plus riche en toutes sortes d'œuvres ? Donc, réjouissez-vous dans le Seigneur, et, vous dirai-je encore, réjouissez-vous (1).

» N'est-ce pas le Seigneur qui vous a donné ce pasteur dont le ministère au milieu de vous, depuis vingt-quatre ans, n'a eu d'autre aspiration que le bien de ses chères brebis ?.. C'est du saint archevêque, Mgr d'Aviau, qu'il reçut en 1824 l'onction royale des prêtres (2). Dans ce long intervalle, sa vie a-t-elle été autre chose, sans interruption, qu'une vie d'infatigable activité, de zèle et de dévouement ?

» Dès son début dans le ministère sacerdotal, il fut vicaire à Saint-Martial de Bordeaux. Que de souvenirs y ont laissés, à travers un demi-siècle, ses laborieux services ! On ne les a pas oubliés. Son cœur, jeune alors, ardent comme on l'est à cet âge, y multipliait les œuvres de foi et de charité ; sa sollicitude

(1) Aux Phil. IV.
(2) Ep. de S. Pierre, II.

veillait à tout. Il s'était fait l'appui d'un vénérable curé (1), courbé sous le poids des années non moins que de ses mérites, et, plus tard, il devint l'intelligent auxiliaire de son digne successeur (2), homme de Dieu et du devoir. Aussi le vaillant vicaire, justement apprécié, eut-il, dans cette paroisse, de nombreux admirateurs ; et combien qui sont restés ses amis !

» De si féconds résultats se reproduisirent à Saint-Julien, en Médoc, où il fut nommé curé, après vingt ans d'un fructueux vicariat à Bordeaux. Là, six ans bien employés ont suffi à son action énergique pour raviver les œuvres de sanctification et de salut. Il avait pu regretter, dans nos murs, que la construction de l'église Saint-Martial ne répondît point à ses efforts ; mais il eut l'ambition de mieux réussir à Saint-Julien, et, malgré des difficultés sans nombre, le nouveau curé dota sa paroisse d'une magnifique église, aux proportions les plus heureuses, qui est une des gloires de la contrée.

» C'est de ce poste, si parfaitement occupé, qu'après vingt-six années de ministère, il est venu au milieu de vous, M. T. C. F. — Ne pourrais-je pas dire qu'en l'appelant ici, ses vénérés supérieurs ont répondu au choix même du regrettable M. Duburg ? Près de mourir, ce saint curé voulut se donner la satisfaction de visiter son ami, ou plutôt son fils bien-aimé, dans la paroisse de Saint-Julien. Or, que se passa-t-il en cette affectueuse entrevue ? Seul, Dieu le sait. Ce pasteur, d'impérissable mémoire, ne nous a jamais avoué que sa curiosité satisfaite, au point de répéter ce que la reine de Saba disait de Salomon (3) ; mais il avait formé un vœu secret, qu'il recommandait à Dieu, chaque jour ; et, à leur insu, les supérieurs se trouvent l'avoir ratifié. Conduite admirable de la Providence !

» Voilà donc le curé de Saint-Julien devenu curé de Saint-Michel, successeur de celui qui vous a tant aimés, M. T. C. F., et

(1) M. Drivet.
(2) M. Rigagnon.
(3) 3ᵉ L. des Rois, X.

que vous avez si amèrement regretté ! Jugez maintenant si le fils, nouvel Élisée, ayant reçu le double esprit d'Élie, a fait valoir l'héritage de son père.

» Comme il s'est appliqué à suivre pas à pas son modèle, continuant le bien que son prédécesseur avait si admirablement opéré ! Y a-t-il une seule œuvre qui n'ait fleuri sous son impulsion entraînante ? Toutes n'ont-elles pas été l'objet constant de sa vive sollicitude ? Le peuple que Dieu m'a confié, s'est-il dit souvent, ce bon peuple de Saint-Michel, c'est tout pour moi ; mes paroissiens, c'est ma vie....

» Voici, M. T. C. F., le pasteur que vous fêtez en ce jour. S'étonnera-t-on de votre joie ? N'est-il pas juste qu'après vingt-quatre ans d'expérience, vous répondiez à son dévouement ? Comme vous êtes heureux surtout, de le voir dissimulant ses années par son activité infatigable, qui perpétue sa jeunesse ! Ce bonheur que vous goûtez, nous le partageons avec vous... Mais arrivons à un autre sujet d'émotion, qui doit aussi pénétrer vos âmes.

» Pourrions-nous rappeler assez, en pareille fête, M. F., cette aimable et douce figure du regretté M. Duburg, dont je vous ai déjà parlé ? Que de choses touchantes à vous dire !.. C'est lui, c'est ce bon pasteur qui a été pour votre pasteur d'aujourd'hui, le véritable Héli, grand-prêtre adoptant et formant son jeune Samuël. C'est lui qui l'accueillit tout petit enfant et l'initia aux cérémonies du culte, au service des autels. C'est lui qui l'a préparé à la participation du divin sacrifice par sa première communion ; — qui l'a dirigé dans les voies d'épreuve et de travail spirituel où il est entré ; — qui l'a suivi même à toutes les étapes de sa jeunesse, l'ayant vu grandir jusqu'à la dignité sacerdotale.

» Quelle satisfaction pour un tel père d'avoir eu un fils si digne de sa prédilection ! A combien de titres ne l'aimait-il pas, cet enfant, né à Saint-Michel, le jour de fête du grand archange, et baptisé à Saint-Michel sous le prénom de Jean-Baptiste ? Peut-être se disait-il alors cette parole qui avait salué la naissance du précurseur : *Quis, putas, puer iste erit* (1) ? Aussi, quelle fut la jouissance du bon Curé de l'accompagner, jeune prêtre, à l'autel, et de lui faire célébrer ici sa première messe ! J'en ai été l'heureux témoin, moi, vicaire alors de Saint-Michel, et c'est encore moi qui me trouve aujourd'hui présider à ses noces d'or dans cette même église bien-aimée !..

» O saint M. Duburg (permettez-moi, M. T. C. F., cette invocation) : puisque votre dépouille mortelle repose sous les dalles de ce sanctuaire, ne tressaillez-vous pas dans votre tombeau ? Vous, si près de nous, n'allez-vous pas surgir de votre poussière pour nous bénir comme autrefois ? Oui, nous sentons que votre ombre nous protége... Qu'il est doux à nos cœurs de défier la mort de nous avoir jamais séparés (2) !

» Paroissiens de Saint-Michel, vous comprenez et partagez mon émotion ; et celui qui l'a fait naître, c'est la présence de cet autre Samuël qui a grandi sous l'œil de Dieu et se trouve au milieu de vous son digne représentant, prêtre selon son cœur, intermédiaire de ses grâces.

» Mais l'émotion ne saurait suffire. Un cri d'enthousiasme devrait, ce semble, jaillir de toutes les poitrines, car le pasteur, objet de vos sympathies, que n'a-t-il pas fait à l'admiration de tous ? — Je vous prie d'en juger vous-mêmes.

» Les colonnes du sanctuaire paraissaient un jour s'effondrer sous le poids des années. Une catastrophe était à craindre... De suite, il a entrepris leur restauration ; il les a relevées telles que nous les voyons, c'est-à-dire construites à nouveau dans des conditions d'élégance et de solidité qui ont rajeuni l'église tout entière.

» Autour du monument sacré, d'ignobles masures choquaient les regards et ne laissaient presque apercevoir que son faîtage élancé, hors de leur atteinte sacrilége. Eh bien ! elles ont disparu,

---

(1) « Que pensez-vous de l'avenir de cet enfant ? » S. Luc, 1.
(2) 1ᵉʳ L. des Rois, XV.

et l'église ressuscitée, puisqu'elle sortait victorieusement de ces pierres sépulcrales, s'est montrée dans les splendeurs de sa magnificence, comme une fiancée parée cette fois pour le divin Époux. — Bientôt des fleurs naîtront où gisaient des blocs informes.

» A l'intérieur du temple, autres transformations. Quelle somptueuse sacristie aux abords mystérieux ! Quel beau renouvellement des autels (1) ! Quel dégagement dans tout l'édifice ! Ornementations délicates et du meilleur goût, tableaux historiques à travers d'éblouissantes verrières, majesté des cérémonies, chants harmonieux, orgues d'une sonorité puissante : rien n'a échappé à l'ingénieuse prévoyance du pasteur.

» Et dans la paroisse, que de charitables institutions ! Salles d'asile, écoles florissantes, enseignement congréganiste, lieux de saintes réunions, maison de secours, orphelinat : tout a été prévu pour les soins à prodiguer au jeune âge et pour l'assistance à donner aux pauvres.

» Il est vrai d'ajouter que le pasteur n'a pas été seul à créer toutes ces merveilles. Il a eu, comme Esdras, à implorer le secours indispensable des pouvoirs séculiers, qui ne lui ont pas fait défaut. Mais à lui la hardiesse d'initiative ; à lui la constance à surmonter les obstacles. C'est aussi en son nom que je dois rendre ici justice au mérite d'une efficace et somptueuse coopération.

» Actions de grâces d'abord à l'édilité bordelaise qui n'a reculé devant aucun sacrifice ! Des noms influents, que leur modestie nous empêche de citer, ont pesé à leur tour dans la balance des délibérations municipales : qu'ils en soient bénis ! — Honneur aux familles haut placées qui ont su faire des dons généreux ! — Juste louange aux administrateurs d'élite qui, par leur dévouement aux intérêts de l'église, leur pupille, ont si largement continué les traditions de leurs pieux devanciers ! — Éloge

---

(1) L'auteur de ces pages avait déjà pris l'initiative de décrire celui de Notre-Dame et sa cérémonie d'inauguration, dans les journaux de l'époque.

sympathique enfin à tous les habitants de cette paroisse !... **Que la mémoire de ceux et celles qui ne sont plus ne soit pas oubliée.** Elle reste gravée dans tous les cœurs, en même temps que leurs noms se lisent burinés sur le marbre. Ils sont avec nous, ces chers défunts, par les traces de leurs libéralités, et leur récompense est au ciel.

» C'est ainsi que le mouvement dans cette paroisse a été universel ou vraiment catholique : tout le monde y a pris part. Quelle consolation pour M. le Curé ! Mais à présent, nous tous, prêtres ses amis ou ses vicaires, administrateurs, paroissiens, nous n'avons plus qu'à faire remonter à l'Auteur de tout bien l'élan de notre admiration. Unissons-nous dans ce même sentiment. Et afin d'en rendre l'expression plus solennelle et plus durable, nous invoquons en témoignage cette tour pyramidale, ce superbe géant, jadis décapité et tombé en ruine, qu'un habile architecte a relevé de ses humiliations. Le clocher ajouré de Saint-Michel, ornement incomparable de cette église, un des plus beaux fleurons de notre cité, c'est le suprême anneau de cette chaîne merveilleuse dont je n'ai pu, dans un exposé rapide, compter tous les autres.

» Oui, ce clocher, qu'il symbolise, par sa base granitique, notre impérissable reconnaissance, et que sa flèche aérienne en transmette à tous les âges le souvenir immortel. A ses pieds va se dérouler une ceinture verdoyante, qui sera comme une fraîche oasis pour le quartier de Saint-Michel ; il y aura là des fleurs embaumées et des ombrages délicieux ; mais quand les paroissiens en jouiront, à qui le devront-ils encore, sinon à M. le Curé, puis à tous les bons vouloirs que j'ai eu le plaisir de proclamer tout-à-l'heure ?

» Combien je me sens donc heureux, paroissiens de Saint-Michel, du ministère que je remplis au milieu de vous, en ce beau jour de fête ! Qu'il m'est doux de partager vos émotions, de m'associer à vos transports !

» Et vous, très cher Curé, ou plutôt excellent **ami, vous savez** quels liens nous resserrent dans le secret de Dieu, surtout depuis la perte de l'aimable Dasvin, de sainte mémoire. Eh bien ! avec vous j'élèverai des mains suppliantes pour que Dieu répande sur votre peuple d'acquisition (1) la rosée de ses grâces, et qu'il accorde à vos labeurs sacrés une moisson abondante de salut. C'est le jour de répéter avec l'Église : *Rorate, cœli, desuper.*

» Avant de terminer, nous remercions l'éminent Cardinal à qui nous devons le bienfait de votre nomination à la Cure de Saint-Michel. Sa pénétrante sagesse avait compris que vous seriez l'homme de la situation, et plus tard, vous ayant vu à l'œuvre, c'est-à-dire appréciant votre mérite, il vous a conféré l'honneur d'appartenir à son Chapitre primatial. Grâces lui en soient rendues !

» Enfin, je reviens à vous, heureux paroissiens de Saint-Michel; et, me rendant l'interprète de vos sentiments, je demanderai au Seigneur notre Dieu, source de toute félicité, qu'il prolonge la précieuse vie de votre Pasteur infatigable, et qu'avec cette vigueur juvénile qu'il conserve sous ses cheveux blancs, il recueille longtemps et bien longtemps les fruits inestimables de son apostolat et de votre piété. *Ad multos annos !* »

V

A l'issue de la grand'messe, M. le Curé est monté dans la chaire provisoire du haut de laquelle M. Buchou l'avait harangué, et il a traduit en ces termes les émotions de son cœur :

« C'était un devoir pour moi, mes Frères, de rendre aujourd'hui à Dieu de solennelles actions de grâces, à l'occasion du cinquantième anniversaire de ma consécration sacerdotale : *Sanctificabis annum quinquagesimum.* Mais, me disais-je : « Les souillures du » chemin qui se sont attachées à tes pieds, te permettront-elles » de remplir dignement ce devoir impérieux ? » Et voilà que

---

(1) 1ᵉ Ep. de S. Pierre, 11.

la bienveillance, la charité de vous tous, mes Frères, me sont venues en aide ; que vos sentiments unis aux miens leur ont donné ce qui leur manquait de bon et de digne. Aussi ai-je pu avec confiance pousser vers Dieu le cri de ma reconnaissance : *Magnificate Dominum mecum et exaltemus nomen ejus in idipsum.*

» Ce jour de mon sacerdoce, qui arriva le 19 décembre 1824, a apporté chaque année, dans mon cœur, une suave émotion. Aujourd'hui, elle est d'autant plus profonde, que tout ce que je vois, que tout ce qui m'entoure, me le rappelle et me le dépeint fidèlement.

» C'est dans cette même enceinte, richement décorée, que je m'avançais vers ce sanctuaire, le front orné du diadème sacerdotal, accompagné de mes parents chéris, de mes amis dévoués, des pieux fidèles de la paroisse, mes compatriotes.

» Là, le saint prêtre dont la mémoire est et sera toujours, ici, en vénération, le guide de mon enfance, de ma jeunesse, de mon entrée dans la cléricature, me fit monter à l'autel où, pour la première fois, j'allais faire descendre et immoler le Dieu vivant.

» Il me semble entendre l'écho de ces voûtes répéter encore les paroles pleines de piété qu'il adressa, le divin sacrifice achevé, à la famille paroissiale, pour la féliciter d'avoir fourni un de ses membres à l'Église et l'exhorter à demander au Ciel pour lui les plus riches bénédictions. Ces prières m'obtinrent sans doute un doux regard de la Providence, car, peu de jours après, je fus appelé à exercer mon ministère sous la conduite d'un pasteur selon le cœur de Dieu. Les longues années que je passai au milieu de son troupeau furent remplies de consolations spirituelles..... Transporté ensuite sur un autre point de la vigne du Seigneur, j'eus la satisfaction de lui voir produire des fruits dignes d'un sol privilégié.

» Enfin, voilà un quart de siècle que je vis au milieu de vous, témoin de votre constant et admirable dévouement à tout ce qui intéresse la gloire de Dieu.

» Ah ! quand mon œil aperçoit tant de bienfaits accumulés sur ma tête, depuis mon sacrifice du matin, je ne puis m'empêcher de craindre et de trembler. Puisse celui du soir être monté vers le ciel, comme un parfum d'agréable odeur et m'avoir absous de mes négligences !

» Merci, bons Paroissiens, Fabriciens bien-aimés, anciens et nouveaux collaborateurs, de vos hommages de ce jour, de vos témoignages d'estime et d'affection filiale auxquels j'attache un grand prix.

» Toutefois je suis bien loin de m'attribuer le droit d'y prétendre. A Dieu seul, l'honneur et la gloire du sacerdoce qui est le chef-d'œuvre de sa puissance :

» *Non nobis, Domine, non nobis, sed nomini tuo da gloriam.*

» Vous étiez dans ce sanctuaire, Monsieur le Grand-Vicaire, quand mon père en Dieu m'y accueillit, et voilà qu'à 50 ans de distance de ce jour fortuné, comme lui et en la même qualité, vous venez de m'encourager à monter à l'autel qui a réjoui ma jeunesse. Ah ! quelle coïncidence ! et ce n'est pas la seule : la douceur, l'humilité, le dévouement aux grandes œuvres de la foi de cet admirable prêtre, brillent en vous et vous ont attiré, comme à lui, l'estime et la vénération tant des fidèles que du clergé de tout le diocèse.

» Merci, Messieurs les dignitaires du diocèse, nobles enfants de la paroisse, de votre souvenir !

» Son Éminence a bien voulu m'informer qu'elle s'associait à notre joie et a daigné enrichir cette fête de faveurs spirituelles. Elles n'ont été que le prélude de cette bénédiction que le Saint-Père vient de m'accorder.

» Merci, parents, amis, consolatrices de toutes les infortunes, mentors des enfants ! Vous venez de me donner des marques insignes d'une vraie sympathie. Continuez-moi votre bienveillance, en m'obtenant la protection nécessaire de Dieu, afin que je poursuive plus dignement son œuvre durant les dernières années de mon existence, et qu'à la fin de ma vie je mérite la couronne des bons pasteurs. Puissé-je dire alors :

« J'ai achevé ma course, j'ai gardé la foi, j'en ai accompli les

» œuvres ; il ne me reste qu'à attendre la couronne de jus-
» tice (1). » *Amen.*

VI

Après cette allocution, M. le Curé a été reconduit processionnellement à la sacristie, au chant du *Te Deum,* répété par des milliers de voix. Puis, comme toutes les grandes fêtes religieuses, dans la primitive Église, étaient accompagnées d'agapes fraterternelles, ainsi un banquet a réuni M. Meynard et de nombreux invités, prêtres et laïques, à la salle d'asile transformée pour la circonstance. Les trois étapes de M. le Curé dans le ministère des âmes y étaient rappelées par Saint-Martial, Saint-Julien et Saint-Michel. Là se lisait encore l'expression de ce vœu : « *Que Dieu multiplie les années de votre existence* (2) ! » Voici maintenant qui va plus à l'adresse d'un père de famille sacerdotale : « *Réjouissez-* » *vous dans vos fils* (3)*, et qu'ils se rangent autour de votre* » *table* (4) *!* » Enfin, pour tous les convives : « *Qu'il est bon à des frères de vivre en parfaite union* (5) ! »

Le clergé avait payé de sa personne à l'église, et MM. les Fabriciens s'étaient chargés à leur tour de procurer le repas des noces d'or de leur vénéré pasteur. Ils l'ont fait avec une généreuse délicatessse. Inutile d'ajouter que les pauvres n'ont pas été oubliés et qu'ils ont eu plus que les miettes du festin. Les bons riches ne sont pas rares à Saint-Michel.....

A l'issue du banquet, M. Lafargue, ancien vicaire de la paroisse et curé de Saint-Ferdinand, a porté un premier toast au héros de la fête. Confident autrefois de M. Duburg, il l'avait ouï énumérer les travaux que devrait entreprendre son successeur ; mais, disait *le voyant* : « il y faudrait trois vies d'homme et tout

---

(1) S. Paul à Timothée.
(2) Multiplicentur tibi anni vitæ ! — Prov. IV.
(3) Lætaberis in filiis tuis. — Tob. XIII, 17.
(4) Filii tui in circuitu mensæ tuæ. — Ps. 127.
(5) Ecce quàm bonum habitare fratres in unum ! — Ps. 132.

» l'or de Bordeaux ! » Vous avez su, Monsieur le Curé, accomplir ces œuvres sans ruiner la ville, et nous espérons bien que vous n'y aurez pas dépensé toute votre vie.... Cet heureux à-propos de M. Lafargue a remporté un légitime succès.

Après M. le Curé de Saint-Ferdinand, M. Battar, avocat, président de la fabrique, a, dans un langage classique et d'un ton calme, énuméré simplement les mérites de M. Meynard. On sentait, en écoutant l'orateur, qu'il ne voulait pas surprendre les applaudissements et qu'il se fiait à la vérité de sa parole. Son langage noble et austère a produit son effet : le toast a été, comme le précédent, couronné par des bravos enthousiastes (1).

VII

Cependant, l'heure des vêpres est arrivée. Même affluence à l'église. La seconde moitié de ce beau jour de fête sera aussi bien remplie que la première, et le principal honneur en doit revenir à un orateur qu'on est toujours si heureux d'entendre. J'ai nommé M. Laprie, le Démosthène de nos chaires du Bordelais.

Il s'est d'abord excusé, dans son exorde, de ne pouvoir faire le panégyrique *direct* de M. Meynard, crainte de le blesser dans une de ses vertus les plus chères, l'humilité. Il préfère se borner à peindre le portrait du bon curé et de la bonne paroisse. Mais qui ne devine déjà le double original vivant qui lui sert de type : le vénéré pasteur de Saint-Michel et ses ouailles toujours si dociles?

« Le bon curé, dit-il, paraît sur trois théâtres : le presbytère, » l'église et la rue. Au presbytère, il est la sentinelle de Dieu ; à » l'église, l'ange de Dieu ; dans la rue, l'esclave de Dieu. » Ici, que d'allusions délicates ! Plus d'une fois l'orateur a fait couler des larmes en évoquant le souvenir de cette « dynastie de saints

---

(1) Ce détail et la plupart de ceux qui vont suivre, sont empruntés à l'*Aquitaine*, et dus à la plume élégante de M. l'abbé Castaing, vicaire de saint-Paul. Inutile refaire ce qu'il a si bien fait.

prêtres » qui se sont succédé à Saint-Michel, et qu'on reconnaissait si bien dans cette galerie de tableaux.

Chacun d'eux était, à des degrés divers, la sentinelle de Dieu, l'ange de Dieu et l'esclave de Dieu ; mais chacun avait sa vertu propre, ou, si l'on préfère, il y avait la note dominante dans le concert de leurs vertus. On ne saurait nier que M. Duburg, par exemple, fût une sentinelle vigilante et un esclave de Dieu; toutefois son théâtre à lui était le sanctuaire ; là surtout il apparaissait comme l'ange de Dieu, là surtout on le voyait déployer ses deux ailes : la piété séraphique et l'inépuisable charité. — Le saint ami de M. Duburg, M. Dasvin de Boismarin, était certes un prêtre vigilant et pieux ; mais n'était-il pas surtout l'esclave de Dieu ? Qui ne l'a vu traîner sa chaîne dans la rue ? La rue était bien son théâtre. On l'y trouvait jour et nuit, cherchant les pauvres et les malades. Il n'avait guère d'autre cabinet de travail que la rue, et il y eût volontiers établi son confessionnal.

Il reste la sentinelle qui veille au presbytère : nous l'avions sous les yeux. Le presbytère ! C'est là que M. Meynard ne se repose jamais ; c'est de là que, sentinelle vigilante, il examine sur quel point du camp d'Israël il doit se porter avec plus d'ardeur ; c'est dans son modeste cabinet, où le riche entre avec respect, et le pauvre sans étonnement, que M. Meynard a bâti son église et son clocher ; c'est là qu'il sculpte aujourd'hui, après avoir fini de bâtir. Mais que d'autres œuvres accomplies dans l'ombre, qui réjouissent Dieu et les anges !

C'est là encore qu'il médite ses plans, qu'il étudie les archives de son église, les traditions de sa paroisse ; c'est là qu'il rédige des codicilles additionnels que les riches trouvent tout faits quand ils veulent écrire leur testament ; c'est là qu'il fonde des écoles, des cercles d'apprentis ou d'ouvriers, qu'il crée des lits dans les hospices ou les hôpitaux pour les vieillards et les malades, des bourses au séminaire pour les enfants pauvres que Dieu appelle au sacerdoce. — Quand finirait cette énumération ? — C'est là qu'il fait « tout, excepté la fausse monnaie, » comme dit M. Laprie. C'est plus net et plus tôt dit.

Il est vrai d'ajouter, comme l'a fait M. Laprie, que le zèle du pasteur est encouragé par le zèle de ses ouailles ; mais bien qu'on soit forcé de reconnaître chez les habitants de Saint-Michel les caractères de la bonne paroisse : la sympathie pour la personne du prêtre, l'esprit paroissial ou l'amour du clocher et la générosité, on ne saurait croire tout ce qu'à l'ouvrier de tant de belles œuvres, il a fallu de bon sens, de fermeté, de constance et d'habileté. Car, sans parler des autres œuvres, pour rebâtir et dégager l'église et son clocher, il ne suffisait pas de battre monnaie et d'attirer les millions en des temps malheureux et dans un quartier plus généreux que riche ; il y avait à surmonter des difficultés de plus d'un genre.

Ces masures, qui s'étaient peu à peu élevées sur les flancs des deux édifices comme le lierre et la mousse sur des ruines, étaient devenues une forteresse presque imprenable. Là, veillaient nos redoutables grand'mères de 1814, elles y avaient établi leur quartier-général ; là elles se croyaient à l'abri de la vieillesse, leur vie s'écoulait sans date au pied de ce clocher dont elles avaient fait la hampe du drapeau blanc le 12 mars 1814 ; l'aspect du beffroi rajeunissait chaque jour leur cœur et leur éloquence, et le temps ne marchait pas pour elles : les mœurs, les usages, le gouvernement avaient beau changer, le Roi, M. le Curé et la coiffe blanche étaient toujours à leurs yeux l'unique règle de la politique, de la religion et de la mode. Tout Bordeaux connaissait ces traits caractéristiques de la femme du quartier Saint-Michel : le cœur bon et loyal, l'œil vif, le franc parler et le geste prompt.

Essayer en 1850 de démolir leurs maisons et les forcer à s'éloigner de leur clocher, c'était leur montrer pour la première fois et brusquement qu'elles étaient presque toutes plus ou moins septuagénaires. On comprend l'émotion et la difficulté.

Plus d'une d'elles, debout sur le seuil de sa porte, voyant M. Meynard, dès son arrivée, tirer ses plans et mesurer du regard, sans tenir compte de leurs maisons, l'espace qui s'étendait de l'ancienne rue de la Craberie au fond de la place du

Marché-Neuf, hocha la tête en regardant sa voisine. Cela signifiait que des femmes qui avaient froncé les sourcils au maréchal de Beresford (1), ne trembleraient pas devant un curé nouveau venu. M. Meynard sut vaincre toutes les difficultés et faire affluer les millions à Saint-Michel.

On sait le reste, et l'on n'a qu'à voir la noble basilique, aujourd'hui renouvelée, et sa tour unique en France, depuis la perte de Strasbourg, — perte, espérons-le, momentanée, — pour donner sa pleine adhésion au discours de M. Laprie. Toutefois, nous y coudrons un petit supplément, sans même nous excuser de notre liberté grande. M. Meynard n'est pas seulement la sentinelle qui veille au presbytère : il est l'homme de l'église et son restaurateur sur place. Artiste autant qu'administrateur, il manie tantôt la truelle et tantôt la plume, avec une égale facilité. La preuve en saute aux yeux. Par conséquent, il n'est pas au-dessous de son prédécesseur illustre dans la spécialité que l'orateur a faite au saint M. Duburg.

Mais quel beau commencement de récompense pour M. le curé, quel heureux gage d'une rémunération plus magnifique là-haut, découlent de la fête du 20 décembre 1874 ! La gratitude sincère de ses paroissiens s'y est traduite par d'unanimes transports d'allégresse. Toute la cité y a pris part en la personne de ses représentants. Rome elle-même s'est associée à la reconnaissance publique, et l'Ange du Vatican a dû tendre sa main au céleste patron de Saint-Michel, afin de bénir ensemble le héros de cette journée qui restera l'une des plus délicieuses de sa carrière.

Enfin, le soir, les maisons qui entourent l'église ont été spontanément illuminées ; des feux de bengale profilaient la silhouette du clocher dans des cascades étincelantes ; c'étaient encore, à toutes les galeries, et par mille ouvertures, des gerbes de flamme au-dessus desquelles resplendissait la croix ; et puis, au pied de

---

(1) Quand il vint prendre possession de Bordeaux au nom du roi d'Angleterre, en 1814. — L'attitude énergique de la population de Saint-Michel, hommes et femmes, lui arracha la promesse de traiter Bordeaux en ville amie.

la vieille tour, la fanfare des Apprentis de Saint-Michel prêtait une voix sonore à l'enthousiasme des habitants ; et ceux-ci remplissaient tous les abords des places environnantes, la joie au cœur et l'approbation aux lèvres ; et quand la foule a eu fini de s'écouler, avec les dernières lueurs d'un incendie gigantesque, mais inoffensif, le calme des nuits sereines l'a remplacée, et la pensée de Dieu a continué de planer sur le monument, où M. Meynard venait de célébrer la gloire et le bonheur de ses NOCES D'OR !

L'abbé CORBIN.

Bordeaux. — Imprimerie centrale A. DE Lanefranque.

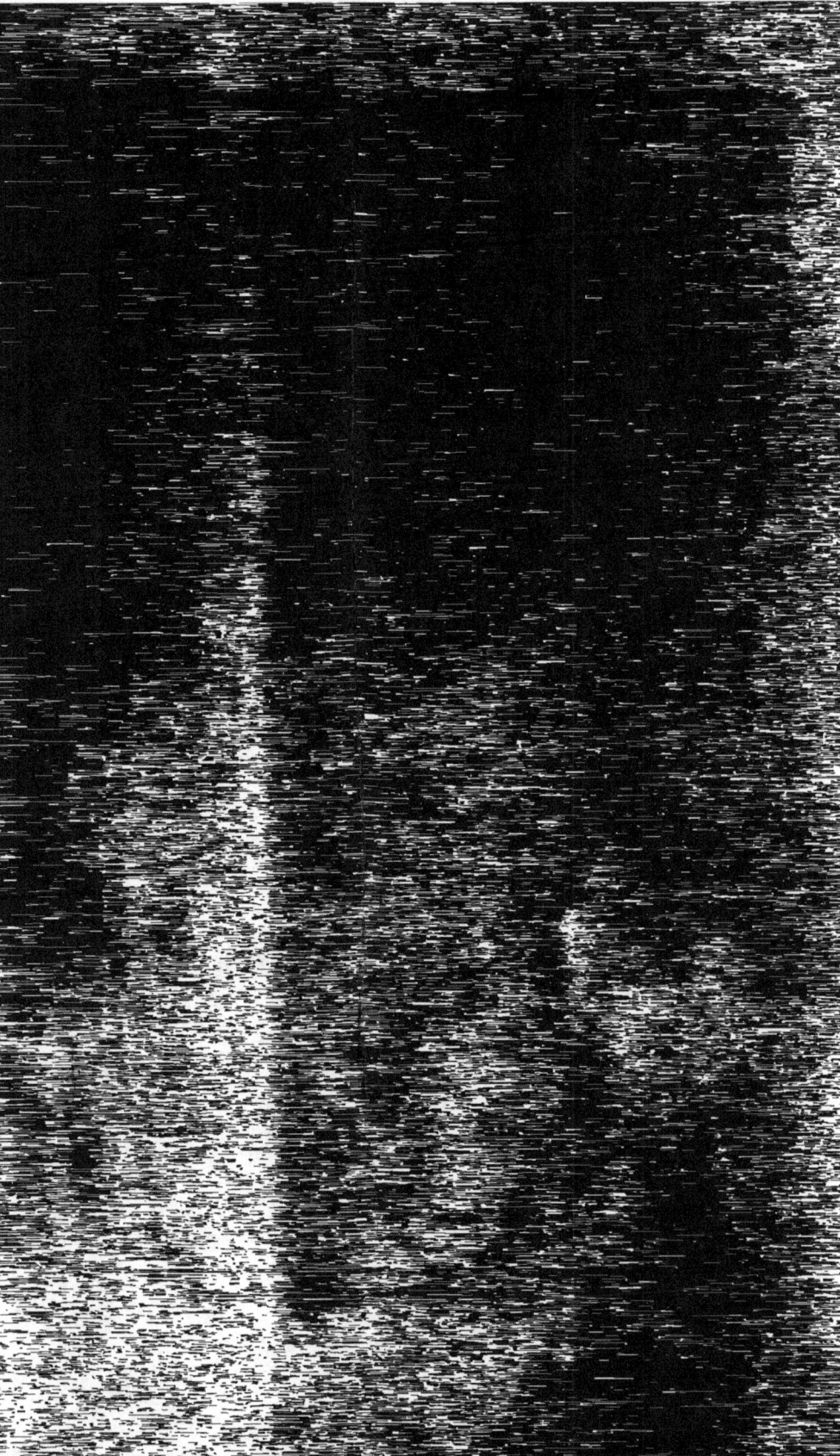

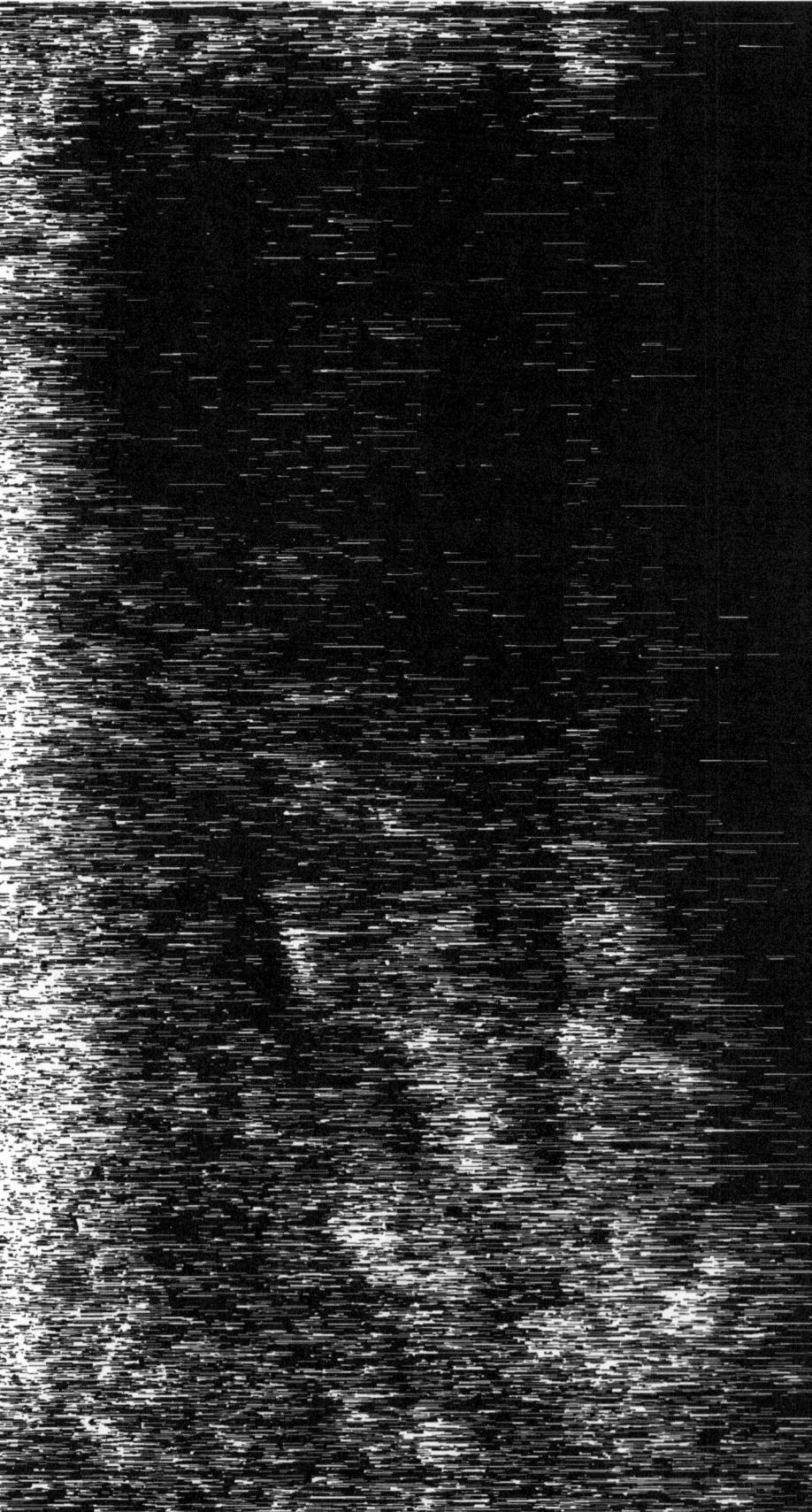

www.ingramcontent.com/pod-product-compliance
Lightning Source LLC
Chambersburg PA
CBHW060720050426
42451CB00010B/1540